DES

ASSOCIATIONS

EN COMMANDITES

PAR ACTIONS AU PORTEUR.

N° 2.

SOCIÉTÉ DES MESSAGERIES CENTRALES,

SOUS LA RAISON FRANÇOIS TOUCHARD ET MASSÉ.

> L'ordre public est intéressé dans toute Société qui se forme par Actions, parce que souvent ces entreprises ne sont qu'un piége tendu à la crédulité des citoyens.
>
> (M. LOCRÉ, *Esp. du Code de Com.*)

PARIS,

CHEZ LES MARCHANDS DE NOUVEAUTÉS.

JUIN 1830.

IMPRIMERIE DE HUZARD COURCIER,
rue du Jardinet, n° 12.

DES
ASSOCIATIONS
EN COMMANDITES
PAR ACTIONS AU PORTEUR.

J'ai, dans ma première Lettre, annoncé que je m'occuperais d'abord des nouvelles entreprises de messageries. Cette industrie, qui s'exerce au grand jour, frappe et occupe incessamment les gens à projets, et, depuis deux ans, elle a été le but de trois ou quatre sociétés par actions, qui ont tenté de se former.

L'une d'elles, morte en naissant, serait oubliée depuis long-temps, si les contestations qu'elle a fait naître n'avaient prolongé le souvenir de son existence éphémère.

Une autre, celle de MM. Armand, Lecomte

et compagnie, n'a pas tardé à voir ses actionnaires eux-mêmes lui demander un compte sévère de ses promesses et de ses actes. Les consultations, aussi concluantes qu'énergiques, de Mes Dupin et Persil, peuvent assurément dispenser désormais de discuter et les élémens de l'entreprise et le système de l'association.

Une autre société vient encore occuper d'elle le public. J'ai vu ses prospectus, son traité d'association.

Son capital sera de trois millions.

Les gérans prélèveront 600,000 francs. C'est là leur mise sociale.

Leur traitement sera de 12,000 francs chacun par année.

D'après des calculs dont ils attestent l'exactitude, les bénéfices annuels devaient être par an de........................... 768,000 fr.

Puis, un autre prospectus, basé sur des données très positives aussi, les a réduits à 508,000 f.

Enfin, les calculs toujours aussi précis d'un troisième prospectus ont définitivement fait remonter ces mêmes bénéfices à..... 721,000 fr.

J'ai voulu vérifier, et, dès le premier prospectus, j'ai trouvé dans les recettes environ 700,000 francs d'exagération.

J'ai examiné les dépenses, et j'y ai remarqué

une erreur de 540,000 francs environ sur un seul article.

Ces premiers aperçus rendent tout le système digne d'un examen attentif.

Ce sera donc des messageries centrales de France, avec appareil *contre la verse des voitures*, sous la raison François Touchard et Massé, que je m'occuperai d'abord.

Je ne dirai rien de l'expression qu'ils ont choisie pour caractériser leur appareil. Assez de choses graves appellent l'attention pour nous dispenser de toute critique sur les mots.

Au mois de novembre 1829, MM. François Touchard et Joseph Massé ont, dans un acte passé devant Me Triboulet, notaire à Passy, exposé que le besoin d'un établissement spécial de messageries pour les départemens environnant Paris *était généralement senti;*

Qu'une entreprise de ce genre présentait *des bénéfices considérables ;*

Qu'eux, Touchard et Massé, voulaient en *faire jouir le public.*

En conséquence, ils ont établi une société en nom collectif *entre eux deux*, et en *commandite par actions*, à l'égard des bailleurs de fonds qui adhéreraient à ce traité.

MM. Touchard et Massé seront les gérans *responsables* de la société.

Ils y apportent, 1° *leur industrie* et leur surveillance ;

2°. La propriété d'un brevet pour l'*invention* d'un appareil contre *la verse* des voitures.

Cet apport social, tout intellectuel, est évalué *par eux* 450,000 francs. Une autre disposition de l'acte porte cette estimation à 600,000 francs.

Le traitement de chacun des gérans était d'abord de 6,000 francs par an ; de puissantes considérations, disent-ils, *les ont forcés* de l'élever à 12,000 francs pour chacun.

Le capital est fixé à 3,000,000.

Il est divisé en actions *au porteur*.

La société sera de plein droit *définitivement constituée* le jour où il aura été souscrit 400 actions, représentant *un capital de quatre cent mille francs*.

Les versemens doivent être effectués moitié comptant, *moitié trois mois après*.

Le souscripteur qui n'effectuerait pas le second versement *sera déchu* de tous droits dans la société, qui profitera du premier versement fait.

Toute personne qui prendra des actions *sera censée* avoir adhéré aux statuts.

Il y aura un conseil de surveillance ou de censeurs pris parmi les actionnaires. Ce conseil est *purement consultatif :* il ne prendra aucune part à l'administration.

La société sera dissoute si elle perd plus *du quart de son capital*, et sa réserve fixée *à un million.*

En cas *de décès* de tous ou de quelques-uns des administrateurs, la société *n'est pas dissoute.*

Ces statuts pourront être modifiés dans des assemblées générales, dans lesquelles, toutefois, *il ne sera pas permis d'agiter d'autres questions que celles qui auront été proposées par les gérans.*

S'il s'élève des contestations entre les commanditaires et les gérans, elles seront jugées par arbitres ; mais les censeurs seront les *mandataires obligés* des commanditaires, et stipuleront *seuls leurs intérêts.*

Telle est l'économie de cet acte.

Il est nul, et c'est sans contredit son moindre défaut. Il est nul en ce qu'il a pour objet de constituer une société en commandite,

Parce que le capital y est divisé en *actions au porteur ;* que cette forme est incompatible avec la nature de la commandite ; qu'il n'y a pas de contrat, de lien, entre les gérans et les commanditaires ; que cette division rend impossible l'application des art. 27 et 28 du Code de Commerce, qui interdisent au commanditaire tout acte de gestion, sous peine de responsabilité indéfinie; que la déchéance à l'égard des actionnaires qui ne complèteront pas leur mise est en opposition avec les dispositions de la loi, qui veut que le commanditaire soit tenu jusqu'à concurrence de ce qu'il a promis de mettre dans la société; que la prolongation de la société, en cas de décès des gérans, offre une autre incompatibilité avec la société en commandite, puisque ce contrat suppose un choix raisonné des gérans.

Cette prétendue société en commandite n'est dès lors qu'une société anonyme déguisée.

Elle est nulle comme société anonyme, puisqu'elle n'est pas pourvue de l'autorisation du gouvernement.

Et cependant, comme les entreprises de transport par terre constituent des actes de commerce (Code de Com., art. 632);

Que dès lors, MM. François Touchard et Massé, et leurs souscripteurs, s'ils en ont, se sont réunis pour une opération commerciale;

Que cette réunion n'étant ni une société anonyme ni une société en commandite, ne peut constituer qu'une société en nom collectif;

Il faut invinciblement en conclure que MM. Touchard et Massé, et leurs souscripteurs, sont aujourd'hui tous obligés solidaires pour toutes les opérations de leur entreprise, et peuvent tous, dès lors, être actionnés indifféremment par les créanciers pour les dettes qu'elle contractera; et l'on ne pourrait contester cette conclusion sans ébranler tout le système de notre législation sur les sociétés commerciales.

Je n'émets point ici une opinion isolée. Cette doctrine, qu'avaient professée M. Pardessus et M. Horson, est aujourd'hui confirmée, et mise, il faut le dire, hors de toute controverse par la consultation que Mes Persil et Dupin aîné viennent de délibérer à l'occasion de l'entreprise des messageries Armand, Lecomte, dont l'acte de société présente identiquement les mêmes vices que celui dont je m'occupe ici.

Comme MM. Armand, Lecomte et compagnie, MM. Touchard et Massé ont formé entre eux une compagnie dans laquelle ils ne mettent pas un denier.

Comme celle de MM. Armand, Lecomte et compagnie, cette société aussi affichée, publiée, à laquelle il ne manque rien en apparence, ne pourra cependant rien faire, toute constituée qu'elle est.

Comme chez MM. Lecomte et compagnie, il faut des bailleurs de fonds qui ne seront liés par aucun acte à la société.

Comme chez MM. Lecomte et compagnie, on fixe le capital jugé nécessaire, et en attendant on commencera le service avec la septième partie de ce capital : si le reste ne vient pas, on n'en aura pas moins reçu et dissipé infructueusement 400,000 francs.

Comme chez MM. Lecomte et compagnie, si les commanditaires, après un premier versement, ne veulent pas compléter leur mise, on les déclarera déchus; et si ce versement, reconnu indispensable, n'a pas lieu, si de nouveaux actionnaires ne viennent pas remplacer les anciens, la société sera dissoute, et les tiers qui auront compté en traitant sur un capital de 3,000,000, n'auront aucune action, nonobstant la disposition formelle de l'article 26 du Code de Commerce.

Comme chez MM. Lecomte et compagnie, les commanditaires pourront, au mépris de l'article 28 du même Code, gérer la société, rassurés qu'ils seront par l'impunité que leur assurent les actions au porteur.

Il n'est enfin pas un des reproches faits par Mes Persil et Dupin, à MM. Armand, Lecomte et compagnie, qui ne s'applique pleinement à MM. Touchard et Massé; ceux-ci ont même renchéri sur les premiers. Et il faut bien dès lors reconnaître que cette prétendue société n'a, comme celle de MM. Armand, Lecomte et compagnie, aucune existence aux yeux de la loi; que le contrat de société ne lie pas même les gérans entre eux; que l'un d'eux peut, par sa seule volonté, dissoudre la société quand bon lui semblera, et que les commanditaires ont la même faculté.

Pour exécuter leur plan, il eût donc fallu, ou que MM. Touchard et Massé établissent une véritable société en commandite, dont le capital, souscrit d'abord par le contrat même, eût pu être ensuite divisé en actions nominatives;

Ou qu'ils se constituassent en société anonyme.

C'étaient là les seules voies légales. MM. Touchard et Massé ne pouvaient adopter ni l'une ni l'autre : on va s'en convaincre.

Ainsi que je l'ai dit, on ne détermine pas facilement aujourd'hui les capitalistes à s'intéresser dans ces sortes d'entreprises. L'expérience les a éclairés. Il faut pour prendre une action être entraîné par un autre intérêt que celui des bénéfices qu'elle peut donner, à quelque somme qu'on les évalue. Mais l'espérance d'une direction, d'une place de conducteur, d'inspecteur, peut déterminer à souscrire, et c'est le moyen communément employé. On promet une place, un relai, la descente des voyageurs, mais sous la condition que l'aspirant souscrira pour un certain nombre d'actions. Celui-ci ne voit que l'emploi, espère qu'il lui rendra les capitaux qu'il expose et souscrit. Qu'on se fasse représenter les listes des souscripteurs, on verra quelle place y tiennent ceux que de semblables considérations ont déterminés.

Or, créer des actions nominatives serait se priver de cette ressource, dont on conçoit l'importance.

En effet, l'article 27 du Code de Commerce déclare que l'associé commanditaire *ne peut être employé pour les affaires de la société, même en vertu de procuration*, et l'article 28 ajoute que le commanditaire qui contreviendra à cette prohibition sera *solidairement obligé* avec les associés gérans pour toutes les dettes de l'entreprise.

On sent bien que personne au monde, dans l'expectative d'une place modique, ne voudrait courir cette chance, quelque édifié qu'il fût sur la solvabilité des gérans, solvabilité d'ailleurs ordinairement fort incertaine; que pas un employé ne voudrait être porteur d'une action qui, *portant son nom*, l'exposerait personnellement, en cas de désastre, aux poursuites des créanciers. De là, nécessité absolue de créer les actions *au porteur*, afin d'éluder les articles 27 et 28, et de permettre aux commanditaires d'être employés aux affaires de la société sans encourir la responsabilité, puisque ces actions sans nom, n'ayant pour maître que celui qui en avoue la propriété, il est impossible de prouver à un employé qu'il est en même temps actionnaire.

Ainsi, la création d'actions au porteur, transmissibles par la seule remise du titre, est une condition aussi nécessaire qu'illégale de la formation de ces sortes d'entreprises. Si les actions sont nominatives, on ne peut les placer que dans le public qui n'en veut point; si elles sont au porteur, on parvient à en faire prendre une partie par les employés directs ou indirects de l'administration; mais alors la société en commandite n'est plus qu'une société anonyme déguisée, qu'une association informe, en nom collectif.

MM. Touchard et Massé ne pouvaient-ils au moins se constituer en société anonyme?

Alors les actions pouvaient être au porteur, les actionnaires pouvaient gérer, le décès ou la retraite des administrateurs n'entraînait pas la dissolution de la société, toutes les difficultés d'exécution s'évanouissaient.

Sans doute; mais il y en avait une première à surmonter: il fallait obtenir l'autorisation du gouvernement, et jamais le conseil d'État n'eût sanctionné leur acte.

Pour démontrer cette proposition, j'essaierai de soumettre l'ensemble de leur opération à l'examen auquel il eût donné lieu, si l'autorisation eût été sollicitée.

Une instruction du ministre de l'intérieur, en date du 16 janvier 1808, a déterminé les formes dans lesquelles cette autorisation doit être demandée et accordée.

Elle porte que ceux qui veulent former une société anonyme doivent, à Paris, adresser au *préfet de police* une pétition signée d'eux.

« Cette pétition contiendra la désignation de » l'affaire ou des affaires que la société veut en- » treprendre, le temps de sa durée, le domicile » des pétitionnaires, le montant du capital que » la société devra posséder, la manière dont ils » entendent former ce capital, soit par souscrip- » tions simples ou actions, les délais dans les- » quels le capital devra être réalisé, le domicile » choisi où sera placée l'administration, le mode » d'administration, et enfin l'acte ou les actes » d'administration passés entre les intéressés.

» Le préfet de police fera, sur la pétition à lui » adressée, toutes les informations nécessaires » pour vérifier les *qualités*, la *moralité*, soit des

» auteurs du projet, soit des pétitionnaires; il
» donnera son avis sur l'*utilité de l'affaire*, sur
» la *probabilité du succès;* il déclarera si l'en-
» treprise ne paraît point contraire aux mœurs,
» *à la bonne foi du commerce* et *au bon ordre*
» *des affaires en général;* il fera des recherches
» sur les *facultés des pétionnaires*, de manière
» à s'assurer qu'ils sont en état de réaliser la mise
» pour laquelle ils entendent s'intéresser. »

Les pièces et l'avis du préfet sont adressés au ministre, qui, après avoir examiné la proposition, la soumet au Roi, qui statue en conseil d'État sur l'admission ou le rejet.

Supposons donc que MM. François Touchard et Massé ont adressé au préfet leur prospectus et leur acte de société.

Le préfet doit d'abord apprécier *les qualités et la moralité des auteurs du projet ou des pétitionnaires.*

J'ai dit dans mon premier numéro que je m'abstiendrais de toutes réflexions sur les personnes, et que je ne voulais parler que des actes.

Toutefois, une observation doit trouver ici sa place. C'est en général pour les actionnaires une première garantie, que l'opinion qu'ils ont que les gérans d'une société sont familiers avec le genre d'industrie qu'ils projettent d'exploiter;

aussi, voit-on fréquemment les fondateurs de sociétés nouvelles s'efforcer de rattacher à leur entreprise, ne fût-ce qu'à titre purement honorifique, les noms des hommes que leurs lumières, leur fortune, leur position sociale, ont fait remarquer dans la même carrière. Ceux de MM. Touchard et Massé sont honorablement connus en messagerie; mais M. Touchard, propriétaire, au faubourg Saint-Denis, d'un des plus anciens établissemens de Paris, et aujourd'hui remplacé par son fils; M. Touchard, dis-je, n'est pas l'entrepreneur des messageries centrales dont nous nous occupons.

M. Massé, directeur de puis longues années de l'établissement de MM. Touchard père et fils, est tout-à-fait étranger à l'entreprise des messageries centrales.

Il n'y a donc que le nom de commun entre MM. Touchard et Massé du faubourg Saint-Denis et MM. François Touchard et Massé.

Sans doute, cette homonymie est le résultat du hasard; MM. François Touchard et Massé n'ont point songé à exploiter le crédit et la confiance qu'inspirent les deux noms réunis dans leur raison sociale, et cependant il y a dans cette singulière coïncidence je ne sais quoi de fâcheux dont s'étonne la susceptibilité de la bonne foi commerciale.

Ce rapprochement même n'est pas sans inconvénient pour les nouveaux entrepreneurs.

En apprenant que MM. François Touchard et Massé ne sont pas les messagistes connus sous ce nom, on se demande qui ils sont ?

C'est d'abord une chose bien constante que M. Massé a toujours été étranger aux messageries; son silence nous l'apprend, et la qualité d'ancien administrateur militaire qu'il a prise dans l'acte de société ne laisse à cet égard aucun doute.

Quant à M. François Touchard, si nous en croyons son prospectus, *il a passé par tous les emplois de l'établissement du faubourg Saint-Denis.*

Il s'est fait une étude particulière de ce genre d'industrie.

Il a, pendant *ses différentes gestions*, mûri le plan qu'il projette de mettre à exécution.

Il a tenu registre des observations, des réclamations et même des plaintes des voyageurs.

Certes, ce sont là des données positives; mais elles ne reposent que sur les assertions de M. François Touchard lui-même.

Mais l'administrateur chargé de l'examen du projet aurait voulu quelques documens plus certains; car la confiance qu'on appelle ne serait plus la même, si le gérant de l'entreprise s'était destiné à une profession tout-à-fait étrangère aux messageries, à la peinture sur porcelaine, par exemple, ou s'il n'avait occupé qu'un emploi sans importance et momentané dans l'établissement du faubourg Saint-Denis.

Et dès lors ce dernier eût agi prudemment en donnant dans son prospectus assez d'explications pour prévenir toute incertitude sur sa capacité. Un certificat de MM. Touchard eût suffi.

L'utilité de l'affaire, la probabilité du succès qu'elle peut obtenir, appelleraient ensuite l'attention du magistrat.

Si l'on en croit MM. Touchard et Massé, « le » besoin d'un établissement spécial de messageries pour les environs de Paris, opérant à l'instar des Messageries royales, mais dans une » circonscription restreinte de vingt-cinq à » trente lieues, est généralement senti. »

Par qui?

Est-ce qu'il existe dans cette circonscription, je ne dirai pas une ville, mais un bourg de quelque importance dans lequel ne soit pas établi au moins un, et quelquefois deux et trois services particuliers de voitures publiques, appropriés à l'importance et aux besoins de la population? Est-ce que les moyens de transports ne se sont pas multipliés à l'infini sur tous les points? Est-ce que les faillites nombreuses qui, dans ce genre d'industrie, ont éclaté depuis quinze ans, ne démontrent pas, au contraire, que trop souvent les moyens de transport excèdent les besoins? Et si quelques services peuvent être désirés dans quelques hameaux, MM. Touchard et Massé pensent-ils que les entrepreneurs déjà établis dans les environs ne les eussent pas montés, si les produits eussent pu balancer les charges?

Mais, disent MM. Touchard et Massé, ce ne sont pas les communications entre les villes et Paris qui manquent, ce sont les communications *directes* entre ces villes.

Abordons cette considération.

Je comprends bien que la quantité de relations que les développemens de l'industrie et du commerce ont créées sur les points les plus éloignés du royaume, aient rendu nécessaire l'établissement d'un centre commun qui simplifiât en les assurant des communications à la fois éloignées, difficiles, importantes et multipliées. On comprend bien que les nombreux rapports qui existent entre nos grandes villes manufacturières et nos ports de mer, rapports par suite desquels Paris n'est fréquemment qu'un lieu de passage obligé, aient amené la centralisation des Messageries royales et générales.

J'entends bien que ces communications promptes et directes répondent au plus énergique besoin du commerce, auquel elles doivent la naissance, et qui, à son tour, ne peut puiser sa sécurité que dans leur force.

Mais est-ce que pour toutes les villes à peu près situées dans le rayon tracé par MM. Touchard et Massé, Paris n'est pas le foyer d'absorption ? Est-ce que les rapports directs entre Soissons et Chartres, entre Évreux et Troyes sont tellement fréquens, tellement multipliés, tellement importans, que ce besoin d'un établissement central s'y fasse *généralement sentir ?* Quel avantage enfin résultera-t-il de communications directes entre des villes qui n'ont de relations qu'avec Paris ?

Cependant, disent MM. Touchard et Massé, *on conçoit tout de suite* les avantages d'un service *journalier* et *permanent* entre ces villes.

Mais est-ce que ce service n'existe pas, est-ce que l'industrie particulière n'a pas placé à Paris des entreprises spéciales sur chaque route et dans chaque ville ? Les rapports ne sont-ils pas *journaliers et permanens ?* Les services ne sont-ils pas doublés, triplés sur la plupart des routes ? Les voyageurs n'ont-ils pas la facilité d'assurer d'avance leurs places pour le jour où ils veulent partir ?

A entendre MM. Touchard et Massé plaindre les voyageurs qui, selon eux, ne sont admis que comme *pis aller* dans les voitures publiques, ne croirait-on pas qu'il n'existe à Paris que les Messageries royales et générales ?

Mais est-ce qu'une foule de services particuliers ne sont pas placés pour la commodité des voyageurs dans les quartiers les plus rapprochés des routes qu'ils exploitent ? Y a-t-il donc chez les entrepreneurs encombrement de marchandises et de voyageurs ? et a-t-on entendu ceux-ci se plaindre d'être obligés d'aller chercher au faubourg Saint-Denis la voiture qui doit les conduire à Pontoise, ou au faubourg Saint-Antoine celle qui les conduira à Coulommiers ?

Non-seulement il est impossible de justifier l'utilité d'un semblable établissement, mais ceux qui l'ont conçu ont senti eux-mêmes qu'ils ne pouvaient l'exécuter qu'en empruntant à l'industrie libre et expérimentée ses moyens d'action pour les donner au monopole.

Ainsi, dans ce projet de *centralisation*, on reconnaît qu'un bureau *central* ne peut suffire ; on créera des bureaux secondaires qui seront affectés au service de l'entreprise dans les quartiers les *plus à portée* des habitans de certaines provinces.

Ainsi, on établira également des dépôts pour recueillir les marchandises, afin de dispenser le public de les apporter au bureau central.

Or, quelle différence y aura-t-il entre ces succursales et les bureaux actuellement établis ? et que devient l'avantage de la centralisation devant la nécessité de multiplier les bureaux et les dépôts dans la proportion que l'expérience a indiquée à l'industrie privée ?

Le système de MM. Touchard et Massé n'est-il pas bien économique ? Les loyers de ces bureaux, de ces dépôts, les appointemens de ceux qui les tiendront, les salaires des portefaix qui voitureront les objets de chargement de l'entrepôt au dépôt central, mettront sans doute l'entreprise à même de diminuer le prix des places. Ce colportage dans Paris des effets et des marchandises n'est-il pas bien rassurant pour le voyageur ? et le système nouveau n'a-t-il pas un avantage évident sur cette vieille routine d'après laquelle l'expéditeur porte directement sa marchandise à la voiture qui doit l'emporter ?

Enfin, et pour ne négliger aucuns des avantages qu'offrira l'entreprise nouvelle, elle aura constamment à sa disposition des fiacres et des cabriolets pour le service des voyageurs, et les conduire, moyennant salaire bien entendu, à leur logement, *ou partout ailleurs*, à leur arrivée.

Importante innovation, attention délicate, dont les entrepreneurs de messageries, gens simples, ne s'étaient point avisés jusqu'à ce jour, se bornant à avoir dans leur établissement des commissionnaires chargés d'aller chercher des voitures pour ceux qui en demandent.

On peut maintenant apprécier l'entreprise projetée.

Elle n'est pas, comme les Messageries royales et générales, le résultat forcé de l'accroissement des rapports commerciaux entre les points excentriques du royaume; elle n'a pas pour but de créer une industrie nouvelle, de donner à une industrie existante de larges développemens; son plan consiste à faire rentrer sous le régime du monopole l'exploitation des messageries qu'on appelle, je crois, du *petit parcours*, exploitation livrée aujourd'hui à la concurrence. Différens en cela de MM. Armand, Lecomte et compagnie qui, dans leurs prospectus, s'élevaient contre le système de centralisation des anciennes entreprises, MM. Touchard et Massé veulent, au contraire, nous faire apprécier l'utilité du privilége. Les uns demandaient qu'on leur fît place sur les routes, les autres veulent qu'on les leur livre; mais MM. Touchard et Massé s'accordent au moins avec MM. Armand, Lecomte sur ce point, que, dans l'état actuel des messageries, il est indispensable, tout système à part, de leur confier quelques millions.

Et pourquoi ? pour restreindre et faire rétrograder l'industrie qu'ils embrassent. La division du travail et la concurrence étaient jusqu'à ce jour considérés en économie politique comme des moyens de perfectionnement; MM. Touchard et Massé proposent d'y substituer la centralisation et le monopole.

Je dis le monopole, car si toutes ces entreprises ne portaient pas avec elles un principe délétère, quelle industrie privée pourrait résister à la puissance des capitaux dont elles tentent de se saisir? quel établissement, fruit du travail, des soins, des économies d'une famille dont il est devenu le patrimoine, ne pourrait être tout à coup renversé par une spéculation semblable, hasardée par quelques individus qui, ne compromettant jamais que les capitaux d'autrui, s'inquiètent peu des résultats définitifs de leur entreprise?

Est-ce donc pour aller briser dans toutes les mains qui l'exercent les élémens d'une industrie spéciale, afin de les réunir dans une seule où la force des choses doit les faire dépérir, que l'esprit d'association bien entendu rassemble des capitaux considérables ? Est-ce qu'il ne les destine pas ordinairement à l'exécution de grands travaux d'utilité générale dont la dépense excède les forces d'une fortune particulière, ou à l'essai de découvertes nouvelles, d'un résultat encore incertain, et qui ne peuvent être tentées qu'au moyen de l'agglomération de petits capitaux ?

Mais évidemment, l'association par action appliquée à l'exploitation d'une branche d'industrie connue, qu'elle laisse stationnaire, n'est qu'un moyen de perturbation générale.

Que dirait-on d'une société qui créerait un capital de 12 ou 15 millions, par exemple, pour exploiter exclusivement dans un rayon de quinze lieues de Paris, le commerce de l'épicerie, qui aurait un bureau central et des bureaux secondaires, qui appliquerait enfin à ce commerce le système organisé par la régie des tabacs ou celui imaginé par MM. Touchard et Massé ?

Ce projet ne saurait-il aussi être développé dans un prospectus où ses auteurs annonceraient, suivant l'usage, qu'ils viennent répondre à *un besoin généralement senti ; qu'on conçoit tout de suite les avantages pour le public d'un établissement semblable* qui, tirant directement ses denrées des colonies, ferait jouir le consommateur des bénéfices énormes que, dans l'état actuel, prélèvent tous les intermédiaires obligés entre le négociant du Havre et le débitant de Luzarches ou de Pomponne; que la compagnie fera porter ses denrées à domicile, ce qui soustrairait le consommateur aux exigences occultes et illégales de l'anse du panier, etc., etc. A quelles rêveries ne se prête pas un prospectus? Et cette compagnie trouverait, l'expérience le prouve, des agens pour placer ses actions et des dupes pour les prendre; et ses gérans, en sacrifiant une partie d'un capital qu'ils n'auraient pas fourni, sur lequel ils vivraient quelques années, ébranleraient impunément une branche de commerce qu'ils suivraient bientôt dans sa ruine!

Qu'on applique cet exemple à d'autres professions; que tel fabricant, qui souvent cède avec irréflexion aux sollicitations des colporteurs d'actions, se demande quels sacrifices il serait obligé de faire, si une concurrence semblable venait tout à coup mettre en question l'existence de son établissement; s'il lui fallait lutter contre des adversaires qui, prodigues des capitaux d'autrui, n'ayant rien à perdre, tout à gagner, affranchis des chances du commerce, le forceraient à sacrifier, pour soutenir une concurrence désastreuse, les fruits d'économies péniblement acquises et l'espérance de sa famille.

Ainsi entendue, l'association par action ne peut produire que trouble et désordre, et ce sont ces opérations qu'une administration éclairée a toujours refusé d'autoriser, parce qu'elles sont dangereuses, *sans utilité et contraires au bon ordre des affaires et à la bonne foi du commerce.*

Mais, disent MM. Touchard et Massé, nous ne laissons pas stationnaire le système des messageries; il nous devra, au contraire, une amélioration d'une haute importance.

« Les voitures seront pourvues d'un appareil » contre *la verse*, et les voyageurs seront assurés » d'arriver sans être exposés à un accident si » commun aujourd'hui, et auquel il a jusqu'alors » été impossible de remédier. »

Il faut dire d'abord que l'invention d'un appareil contre *la verse*, puisqu'on veut adopter cette singulière expression, n'a aucun rapport avec le système de centralisation, et qu'une semblable innovation, quelque parfaite qu'elle fût, ne prouverait pas la nécessité de remettre les messageries entre les mains pesantes et maladroites du monopole.

Voyons toutefois l'importance réelle de la découverte, ou plutôt voyons s'il y a d'abord une découverte.

En 1826, on prétendit avoir trouvé un moyen pour empêcher les voitures de verser. L'inventeur obtint de l'autorité la permission de faire quelques expériences sous sa surveillance. On disposa à cet effet le terrain, alors vacant, sur lequel est aujourd'hui élevé le séminaire de Saint-Sulpice. On le sillonna d'ornières factices, on éleva des monticules. L'appareil, qui consistait en une sorte de chambrière placée aux deux côtés de la voiture, tandis que celui de MM. Touchard et Massé est placé entre les deux caisses, fut appliqué à une diligence prêtée par M. Deville. Le 8 février 1826, l'essai eut lieu : la voiture, malgré l'appareil, versa trois ou quatre fois, et la malheureuse machine fut dès lors releguée dans les greniers d'un carrossier de la rue du Vieux-Colombier, où ceux qui seraient curieux de vérifier ces faits peuvent encore la voir aujourd'hui, et en faire, si bon leur semble, l'emplète à des conditions beaucoup plus douces que celles dictées, comme on le verra bientôt, par MM. Touchard et Massé à leurs actionnaires.

Maintenant, et malgré le dédain avec lequel MM. Touchard et Massé, à l'instar de MM. Armand, Lecomte et compagnie, traitent les entrepreneurs de messageries, pense-t-on que ceux-ci, guidés par leur intérêt même, eussent négligé ce procédé s'il eût offert quelque avantage? N'ont-ils pas connu cette expérience? L'autorité elle-même ne les eût-elle pas astreints à se pourvoir de cet appareil? Ont-ils rejeté à sa naissance le système d'enrayage, substitué aujourd'hui au sabot autrefois en usage? Non; l'appareil contre *la verse* a été apprécié, jugé dès son essai, et il serait encore dans l'oubli où il était resté depuis lors, si MM. Touchard et Massé n'eussent éprouvé le besoin de l'en tirer pour en décorer leur prospectus, et en faire la contre-partie des voitures en contre-bas de MM. Armand, Lecomte et Cie.

Pour donner plus de consistance à l'invention, MM. Touchard et Massé ont sollicité un brevet en 1829, brevet qui, dans les principes de notre législation, leur a été accordé sans examen, et dont personne ne se souciera, je pense, de leur disputer la propriété. Puis, comme MM. Armand, Lecomte et compagnie avaient lithographié les voitures en contre-bas, on a couvert les murs de Paris et de la province d'affiches représentant les messageries Touchard courant au grand galop et munies du précieux appareil; et la nécessité de confier trois millions à MM. Touchard et Massé s'est ainsi trouvée complètement démontrée.

Maintenant qu'on peut apprécier et l'utilité du plan général de l'association et la valeur réelle de l'appareil contre les accidens, nous pouvons descendre dans les détails de l'entreprise.

Quelle est la mise sociale de MM. Touchard et Massé? La confiance qui respire dans leurs prospectus doit faire présager que chacun d'eux va engager sa fortune personnelle dans une entreprise aussi fructueuse.

L'art. 6 nous l'apprend. Ils apportent, 1° *leur industrie* et leur surveillance pendant toute la durée de la société;

2°. Le brevet d'invention obtenu pour l'appareil deviendra la propriété exclusive de la compagnie.

D'argent point.

Cette mise sociale est, il faut bien le dire, un peu légère si l'on met en regard les trois millions que MM. Touchard et Massé sollicitent; et cependant MM. Touchard et Massé n'ont pas cru devoir faire jouir gratuitement leurs associés de concessions aussi importantes.

Ils ont stipulé qu'on leur *paierait* leur mise sociale dès le jour de la constitution de la société; en telle sorte qu'eux, associés en nom collectif, gérans responsables, n'auront rien apporté : car, comme ils se font payer leur apport, les chances de pertes sont le partage exclusif des actionnaires.

Et veut-on savoir à quel prix on concède à la compagnie l'industrie en messagerie de MM. Touchard et Massé, et la *découverte* contre la verse?

Moyennant 450,000 francs. (Art. 6.)

A quoi il faut ajouter 150,000 francs qu'ils s'attribuent par l'art. 13.

Le tout indépendamment d'un traitement annuel, fixé d'abord à 12,000 francs pour chacun, réduit depuis à 6000 francs, et de nouveau porté à 12,000 francs pour chacun.

Certes, si l'on juge la découverte d'après le prix que MM. Touchard et Massé y mettent, ils l'ont à bon droit nommée *précieuse!*

Ainsi, sur un capital de trois millions, on ne craint pas de prélever la somme énorme de 600,000 francs, c'est-à-dire un cinquième de ce capital, pour payer une invention problématique, et rémunérer le savoir de MM. Touchard et Massé, dont l'un est tout-à-fait et l'autre à peu près étranger aux messageries.

MM. Armand, Lecomte et compagnie avaient cédé *leur système* à leur compagnie moyennant 300,000 francs payés sur un capital de dix millions; c'était trois pour cent du capital.

MM. Touchard et Massé diminuent le capital de

deux tiers; mais ils doublent le prélèvement à leur profit, et le portent à vingt pour cent du capital.

Mais pour justifier leur prélèvement, MM. Armand, Lecomte et compagnie avaient au moins promis que le système des voitures en contre-bas produirait une économie annuelle de 1,300,000f.

MM. Touchard et Massé ont négligé cette justification : est-ce oubli ou confiance dans les avantages de leur découverte?

Quoi qu'il en soit, MM. Touchard et Massé, qui n'ont pas trouvé cette somme de 600,000 fr. exagérée, ont senti qu'elle pourrait provoquer quelques observations. Ils les ont fort habilement évitées, et c'est encore là une ressource que leur a offert leur prétendue société en commandite, et à laquelle la société anonyme eût résisté.

En effet, l'art. 45 du Code de Commerce veut que l'acte constitutif d'une société anonyme soit publié et affiché *en entier*.

M. Locré en donne la raison. « Si les sociétés » anonymes, dit-il, sont d'une grande utilité, » elles peuvent aussi devenir un moyen de sur- » prendre la crédulité; de là la nécessité de la dis- » position de l'article précité. Des aventuriers » auraient pu supposer une fausse autorisation, » comme ils peuvent supposer une fausse entre- » prise. »

Publier l'acte entier, c'eût été appeler l'attention sur l'énormité du prélèvement.

La commandite par action au porteur est plus discrète. La loi n'exige alors que l'insertion par extrait de l'acte de société.

Or, l'extrait publié au tribunal de commerce, le 7 novembre 1829, ne dit rien de ces prélèvemens; on y cite que le fonds social est fixé à trois millions, et que la mise sociale de MM. Touchard et Massé consiste dans l'*abandon* qu'ils font à la société, de leur appareil, de leur industrie, de leur surveillance.

Des 600,000 francs, pas un mot; on ne parle pas même du traitement.

La difficulté ainsi éludée dans l'extrait légal, il a fallu imaginer encore un moyen de l'éviter dans le prospectus; on l'a trouvé.

On y lit, page 9, « que le capital de la société
» étant de trois millions de francs, divisés en
» trois mille actions de 1000 francs chacune, il
» y aura mille quatre cents actions de converties
» immédiatement en espèces, pour subvenir aux
» dépenses de toute nature à faire pour l'orga-
» nisation et la prompte mise en activité du ser-
» vice; que sur l'autre moitié, il sera formé une
» réserve, et un fonds d'amortissement, jusqu'à
» concurrence d'un million de francs, pour les

» cas imprévus, ou pour soutenir les concur-
» rences au besoin. Le surplus servira à indem-
» niser les propriétaires du brevet d'invention et
» les fondateurs de l'entreprise, lequel brevet
» deviendra la propriété exclusive de la masse
» des actionnaires, etc. »

Or, ce *surplus*, qui passe là inaperçu après les 1,400,000 francs, après le million de réserve et d'amortissement, ce surplus ce sont les 600,000 francs.

Dans l'acte de société, on avait divisé cette somme, afin de la faire passer plus facilement, 450,000 francs payaient l'appareil et la surveillance; puis, bien loin dans l'acte, les 150,000 fr. de surplus avaient leur tour, et étaient mis à la disposition de MM. Touchard et Massé, pour être par eux employés en *frais de négociation* ou *autrement*, et dont il serait rendu compte, *en tant que de besoin seulement*, aux censeurs.

Dans le prospectus, où le prélèvement ne figure point en chiffres, on a pu se dispenser de cette division : les 600,000 fr. n'ont plus qu'une même destination. Là, d'ailleurs, il n'est plus question du compte à rendre des 150,000 francs. Quel compte d'ailleurs que celui que le gérant d'une société en commandite doit rendre *en tant que de besoin*, c'est-à-dire si bon lui semble, d'une somme qu'il est autorisé à employer en *frais de négociation* ou *autrement!*

Mais ces prospectus, ces extraits, font-ils connaître la vérité? La compagnie a-t-elle droit à un crédit de trois millions, quand sur ce prétendu capital, qui n'existe lui-même qu'en expectative pour 2,400,000 francs, 600,000 francs ne seront jamais réalisés? N'est-il pas évident que ce *crédit n'est qu'imaginaire*; que les tiers qui, sur la foi de l'extrait publié au tribunal de commerce, compteraient sur la réalisation de trois millions, seraient abusés; que cet extrait, loin de les éclairer, ne peut avoir pour résultat que de les égarer, abuser, et de dissimuler les stipulations véritables de l'acte de société? Les actionnaires eux-mêmes, qui ont souscrit sous la foi de la sincérité du prospectus et de l'extrait, ont-ils connu la vérité, leur engagement peut-il être obligatoire?

Et maintenant qu'il me soit permis d'emprunter à la consultation de Me Dupin aîné, un tableau énergique et frappant de vérité, de la manière dont s'organisent généralement ces prétendues sociétés en commandite :

« Deux individus, ou si l'on veut trois, imaginent un plan d'association; ce sera pour exploiter une industrie quelconque; ils en auront beaucoup, du moins on le suppose; mais ils n'ont que

3..

cela, et pas un sou avec. Évidemment, cela ne suffit pas pour former une société. Cependant ils font un acte matériel et déclarent être réellement en société. En société de quoi? évidemment de rien, puisque, réduits à leurs propres forces, ils n'ont aucun capital disponible. N'importe, les voilà qui se disent *associés*, affichés comme tels au tribunal de commerce.

» Ils resteraient toute la vie en cet état, c'est-à-dire en vedette en face du public, si personne ne venait à eux; mais ils attendent les tiers. Ils ont déclaré qu'il y aurait société entre eux et ceux qui *adhéreraient à leur acte;* mais cet acte, ils ne se soucient pas qu'on le voie, on n'y trouverait que des places pour les inventeurs avec les titres pompeux d'administrateurs généraux, directeurs généraux, etc..... On y verrait encore des actions gratuites au profit des mêmes inventeurs, avec *intérêt immédiat* au profit de ceux-ci, même avant aucun bénéfice acquis, mais intérêt à prendre sur les premiers fonds versés: alors on verrait que si tout est sûr pour le spéculateur qui a conçu le plan, tout n'est pas aussi certain pour le capitaliste qui est appelé à le réaliser et à fournir les fonds pour le faire marcher, et l'on se retirerait.

« Mais on fait un extrait alambiqué,

» On annonce comme une réalité un capital qui n'est qu'une espérance; on présente, comme un positif actuel, une prétendue mise sociale qui n'est elle-même qu'une délibation future qu'on se promet d'opérer sur les premiers fonds qui seront versés : on attaque les capitalistes en détail, chez eux, à domicile, à Paris, dans leurs départemens; on leur présente de beaux papiers coloriés avec des gravures, comme des billets de loterie avec des numéros dont le chiffre avancé fait croire qu'on n'est pas le premier et qu'on a été devancé par beaucoup d'autres; on se fait appuyer par quelques journaux; bref, on obtient des fonds; et, dans cet état, de chaque actionnaire qu'on recrute, on prétend en faire un associé en commandite. »

Certes, et les intentions à part, car je veux, je le répète toujours, supposer la bonne foi; MM. Touchard et Massé pourraient-ils contester que leur acte de société est venu réaliser l'hypothèse de Me Dupin?

Ont-ils autre chose que leur industrie supposée? Mettent-ils *un sou* dans la société? Réduits à leur propre force, ne resteraient-ils pas toute leur vie *en vedette* en face du public? N'ont-ils pas dissimulé leur acte de société, caché aux tiers les prélèvemens qu'ils entendaient faire, à l'aide d'un extrait *alambiqué*. Leur prétendu capital est-il autre chose qu'une espérance ; leur prétendue mise sociale, qu'un prélèvement qui n'échappe au scandale que par le ridicule et les papiers coloriés ; les lithographies, les sollicitations à domicile, le prospectus à la main, ont-elles manqué à la fidélité du tableau ?

Que MM. Touchard et Massé, entraînés par l'exemple, aient pu croire à la légalité d'une société ainsi formée, je veux l'admettre ; mais qu'un semblable abus soit toléré ; que la société anonyme, avec les fraudes et les déceptions qui l'escortent, rentrent ainsi dans nos lois, affranchies de toute surveillance, c'est ce qu'il est impossible d'admettre, c'est ce que l'intérêt du commerce et la morale publique doivent inexorablement faire proscrire.

Donnons maintenant un coup d'œil sur le succès probable d'une pareille entreprise.

Avant d'arriver aux chiffres, il est évident, pour tout homme de sens, qu'une administration générale avec l'état-major obligé de supériorités administratives qu'elle comporte, et l'armée d'employés qu'elle nécessite, l'impossibilité d'exercer une surveillance constante sur tous les points, dans une profession où les abus sont cependant si fréquens et si faciles : il était, dis-je, évident que cette administration ne pouvait atteindre le degré d'économie que l'industrie privée obtient d'une attention de tous les momens, et qui ne s'exerce que sur un point déterminé. La plupart des entrepreneurs du petit parcours sont eux-mêmes leurs directeurs, caissiers, inspecteurs, relayeurs; quelques-uns même conduisent leurs voitures : entre eux et le voyageur, il n'y a pas d'intermédiaire à solder; entre eux et le fournisseur, pas d'abus possible. Le sentiment de leur propre conservation leur impose la nécessité d'une vigilance perpétuelle; car il n'y a pas derrière eux d'actionnaires pour supporter leurs pertes. Comment un système d'administration générale parviendrait-il à ce résultat? Et l'exemple n'a-t-il pas confirmé ces observations? Tous les parcours desservis par des entreprises particulières aux environs de Paris se font généralement à 35 centimes par lieue, tandis qu'il est prouvé par l'expérience et les calculs les plus rigoureux que les grandes entreprises ne peuvent conduire à moins de 50 centimes.

Voyons cependant comment MM. Touchard et Massé seront parvenus à convertir pour leurs actionnaires en bénéfices énormes, les pertes nécessaires qu'entraînerait leur système d'administration.

D'après un premier prospectus, le produit des recettes doit s'élever par mois à . . . . 324,000 fr.

Celui des dépenses à 242,148

Le bénéfice net par mois sera donc de. 81,852

et par an de. 982,224

dont il faut déduire les intérêts à 6 pour cent du capital alors fixé à un million. 60,000

Boni général. 922,224

Mais il faut déduire sur cette somme le renouvellement des voitures et des chevaux, soit. 153,500

Le bénéfice est de. . . . . 768,724 fr.

c'est-à-dire 26 pour cent environ par action, indépendamment des intérêts à 6 pour cent.

Ce résultat, disait M. Touchard, *est calculé sur des données et des faits positifs, et l'appréciation des dépenses et des recettes mensuelles est non moins exacte.*

Certes, en considérant que M. Touchard, fils et neveu de messagistes, avait passé chez son oncle par tous les grades, il était difficile de n'avoir pas confiance en ses calculs.

Ils contenaient cependant une erreur de 260,000 francs sur les produits annuels.

C'est lui-même qui nous l'apprend, et qui nous donne ainsi la mesure de son expérience.

En effet, dans un prospectus postérieur, le bénéfice n'est plus que de 508,624 francs. Ce n'est que 17 pour cent par action, toujours indépendamment des intérêts à 6 pour cent.

Toutefois, c'est encore là un produit fort satisfaisant.

Mais voici venir bien des observations.

M. Touchard suppose cinquante départs : il compte pour la sortie de Paris cent cinquante chevaux.

Mais cinquante départs de voitures à dix-huit places exigent au moins deux cents chevaux *attelés*, à quatre chevaux seulement par voiture.

Deux cents chevaux attelés supposent au moins cinquante chevaux de plus, prêts à courir.

Et pour avoir deux cent cinquante chevaux prêts à courir, il faut bien en avoir environ deux cent quatre-vingts à l'écurie.

C'est donc une erreur de cent trente chevaux sur les dépenses capitales seulement; mais en adoptant les évaluations de M. Touchard, c'est pour le renouvellement une dépense en plus par an de. . . . . 26,000 fr.

Il faut y ajouter la dépense journa-

A reporter. . . . . 26,000 fr.

Report..... 26,000 fr.

lière qu'il a évaluée à 3 fr. par cheval. C'est encore par an 142,350

M. Touchard n'a compté pour les droits de postes payés à Paris que 1,200 francs par mois. Il n'a probablement compris dans cette évaluation que la poste royale ; et, à cet égard, son calcul, sur cinquante voitures, offre une première erreur de 1,800 francs, puisque les droits de la poste royale sur ce nombre de voitures s'élèvent à 3,000 francs par mois ; mais sur le reste du parcours, évalué par lui-même à quatorze postes, aller et retour, il lui reste à payer 700 francs par jour, ou par an 255,500 francs, et cette dépense est entièrement omise dans ses évaluations ; ci. 255,500

Ce n'est pas tout encore, l'entretien des voitures ne figure dans les dépenses mensuelles que pour 7,500 francs, ce qui représente environ 18 centimes par lieue ; évaluation dérisoire, puisque tout le

A reporter........ 423,850 fr.

Report......... 423,850 fr.

monde sait que sur les routes qui *fraient* le moins l'entretien des voitures ne peut se couvrir à moins de 30 centimes par lieue : c'est donc encore dans les évaluations une différence d'environ par an 40,000

Il faut donc ajouter aux dépenses 463,850 fr.

Les recettes sont calculées avec la même exactitude.

MM. Touchard et Massé estiment au quart du produit moyen en voyageurs celui des espèces et bagages.

Mais personne n'ignore que, sur le petit parcours, ce produit atteint à peine le huitième. Il faudrait donc déjà réduire à 480,000 francs un article de recette qu'ils évaluent à 960,000 fr.

Mais, en outre, comme ils ne sont et ne seront pas seuls sur les routes, il faut bien supposer que toutes les autres entreprises dont la clientelle est faite, le crédit établi, auront la moitié des transports; et alors il faut encore diminuer 240,000 francs sur cet article, ce qui produit sur l'évaluation de M. Touchard une différence de .... 720,000 f.

A reporter...... 720,000 f.

Report.	720,000 f.
Il faut donc ajouter aux dépenses	463,850
diminuer sur les recettes.	720,000
La différence est de.	1,183,850
Et le bénéfice, évalué par le second prospectus à.	508,624
se trouve converti en une perte annuelle de.	675,226 f.

On s'écriera, sans doute, qu'un pareil résultat est incroyable. Il faut faire connaître l'origine de ce mécompte.

En reprenant le prospectus lithographié, on voit que MM. Touchard et Massé, calculant sur un trajet moyen de quatorze postes, aller et retour, trouvent que l'administration faisant le premier relai avec ses chevaux, il lui restera à payer *deux relais et demi* à 42 francs, ce qui produit, selon eux, 105 francs par voiture et par jour, pour les cinquante, 5,250 francs, aussi jour, par mois 157,500 francs, et par an 1,890,000 francs.

Mais d'abord dans un trajet de vingt-huit lieues, quand une entreprise fait avec ses chevaux le premier relai, il lui reste à payer, non pas deux relais et demi, mais trois relais.

En second lieu, ces trois relais ne coûtent que

75 francs ; il y a donc là une différence en trop de 30 francs par jour et par voiture, en sorte que M. Touchard a, sans s'en apercevoir, grevé gratuitement son entreprise de 1,500 francs par jour, de 45,000 francs par mois, ou par an 540,000 francs.

Or, cette erreur commise, comme il fallait cependant trouver des bénéfices, force a été d'augmenter quelques articles de recette, de diminuer d'autres articles de dépense, et il en est résulté le devis lithographié ; devis, il faut le dire, inintelligible pour l'homme le plus familier avec les messageries.

En déduisant donc cette fausse dépense

de	540,000 fr.
sur la perte évaluée plus haut à . .	675,226
on trouve qu'elle se réduit à . . .	135,226 fr.

Ce qui se rapproche de la vérité.

Tels sont cependant les calculs que MM. Touchard et Massé présentaient originairement aux capitalistes pour les déterminer à prendre un intérêt dans leur entreprise !

Probablement quelqu'un, un peu plus versé qu'eux en cette matière, leur aura signalé les grossières erreurs de ces premiers devis ; car un nouveau prospectus vient d'être publié, et si le décompte qu'il présente n'est pas plus exact, au moins la forme dans laquelle il est dressé est-elle plus lucide.

Examinons ce nouveau travail, dans lequel on établit la recette et la dépense par jour, d'un service de diligence parcourant une route de 25 lieues.

Parlons d'abord des dépenses.

Sous l'article 2, MM. Touchard et Massé portent le droit de 25 c. qu'ils réduisent sur une moyenne de trois chevaux pour vingt-cinq postes, ce, qui selon eux, produit 18 fr. 75 c.

Mais puisqu'ils ont calculé, pour les recettes, toutes les voitures à dix-huit places, il faut *au moins* quatre chevaux par voiture. On ne peut donc pas établir une moyenne de trois chevaux.

Je dis *au moins*, car il n'y a que les entrepreneurs qui se servent de leurs propres chevaux sur tout le parcours qui ne mettent que quatre chevaux sur une voiture à dix-huit places; les maîtres de postes, les relayeurs en mettent cinq.

Toujours est-il que 25 voitures à quatre chevaux, à 25 c. par cheval et par poste, coûtent 1 fr. par poste et pour vingt-cinq. . 25 fr.

Au lieu de. . . . . 18 fr. 75 c.

Ce qui produit par voiture et par jour une différence de. 6 fr. 25 c.

Et par an, sur tous les services. 56,400 fr.

Art. 3. MM. Touchard et Massé évaluent l'*entretien* et le *renouvellement* des voitures à 50 c. par poste, ce qui produit par jour 12 fr. 50 c.

Il faut dire 50 c. par lieue.

Sur les routes qui entraînent le moins de frais, on ne peut traiter, pour l'*entretien* seulement, à moins de 40 c. par lieue.

Sur les autres, telles que Rouen, on traite à 45 et 50 c.

Le *renouvellement* non compris.

En accordant donc 50 c. par lieue pour l'*entretien* et le *renouvellement*, on fait une large concession, et au lieu de 12 fr. 50 c., il faut dire 25 fr., ce qui fait par an une différence de 113,000 fr.

Art. 4. Le droit de dixième sur le prix des places ne me paraît pas calculé avec plus d'exactitude.

Les gérans supposent une recette de	337 fr.	50 c.
La régie déduit un tiers	112	50
Reste	225 fr.	
Et le décime par franc	2	25
Sur quoi elle prend un 10e	22	50
	24 fr.	75 c.

Sur la recette en bagages, on ne fait aucune déduction. MM. Touchard et Massé l'évaluent à 4 fr. 80 c.; c'est donc..	4	80
Plus le décime...........		48
Total.......	30 fr.	3 c.
MM. Touchard et Massé portent.........................	20 fr.	3 c.
La différence serait de......	10 fr.	

Mais elle n'est pas aussi forte, à raison d'une autre erreur qu'ils ont commise dans l'évaluation des recettes, et dont il sera question plus loin.

Quant aux autres articles de dépenses, il est impossible de déterminer s'ils sont ou non exagérés. Ils s'appliquent aux loyers, aux appointemens, aux faux frais, etc.: les bases d'évaluation nous manquent.

Voyons les recettes.

Dans tous leurs *prospectus*, MM. Touchard et Massé annoncent que les rétributions des conducteurs et postillons sont comprises dans le prix des places, ce qui le réduit pour l'administration de 5 c. par lieue. Dans le dernier *prospectus*, on a dissimulé cette dépense, afin de retrouver à peu près les résultats originairement promis. Il aurait donc fallu ajouter ces 5 c. aux dépenses ; nous les déduirons sur les recettes.

MM. Touchard et Massé comptent six places d'impériale ; mais l'ordonnance du mois de juillet ne permet de placer sur l'impériale que deux voyageurs avec le conducteur. Il faut encore redresser cette erreur.

D'après ces observations, nous allons mettre sous les yeux du lecteur leur devis et la rectification qu'il convient d'en faire, prenant leurs prix pour base.

DEVIS TOUCHARD ET MASSÉ.

6 places de coupé à 45 c. par lieue, pour aller et retour.	67 f. 50 c.		337 f. 50 c.
12 places d'intérieur à 40 c.	120		
12 places de rotonde à 35 c.	105		
6 places de banquettes à 30 c.	45		
A déduire pour places vides, un quart.			84 37
Reste.			253 13
Excédant de bagages sur 18 places, 10 kil. par place.			18
Finances et marchandises, aller et retour.			30
TOTAL.			301 f. 13 c.

Dépense.

1°. Frais de relais, 25 postes à 6 fr.	150 f.	0 c.	222 f. 03 c.
2°. Droit de 25 c., réduit en moyenne, à 3 chevaux sur 25 postes.	18	75	
3°. Entretien et renouvellement des voitures à 50 c. par poste.	12	50	
4°. Droit du dixième sur les places et messageries.	20	03	
5°. Loyer par jour, tant à Paris qu'en province, à raison de 1,800 f. par an pour chaque route de 25 lieues.	4	80	
6°. Appointemens des administrateurs, directeurs, inspecteurs, etc., à raison de 100,000f par an pour la totalité des services.	10	95	
7°. Patentes, contributions, frais et extraordinaires et imprévus.	5		
Le bénéfice par jour et par route est donc de			79 f. 10 c.

DEVIS RECTIFIÉ.

Six places coupé à 40 c. par lieue.......	60 fr.	»
Douze places intérieur à 35 c...........	105	
Douze places de rotonde à 30 c.	90	
Quatre d'impériale à 25 c..............	25	
	280	»
A déduire pour non valeur, un quart....	70	»
	210	
Argent, ports de paquets excédant de bagages, un huitième de la recette brute.....	35	
TOTAL de la recette........	245 fr.	»

Dépense.

1°. Relais, vingt-cinq postes à 6 fr.....	150 fr.	
2°. Droits de poste, pour vingt-cinq postes aller et retour........................	25	
3°. Entretien et renouvellement des voitures, 50 c. par lieue, ou 1 fr. par poste...	25	
4°. Droits de dixième sur les places et paquets (1)........................	24	39 c.
5°. Loyer à Paris et en province........	4	80
6°. Appointemens des directeurs, administrateurs, etc.	10	95
7°. Frais de patente, contribution, etc. .	5	
	245 fr.	14 c.
La recette étant par départ de........	245	
La perte sera de...........	» fr.	14 c.

intérêts non payés et en supposant encore que MM. Touchard et Massé, qui se sont trompés sur les articles 2, 3 et 4, après avoir refait leurs

(1) Au lieu de 30 fr. 03 c. annoncés plus haut, parce que le dixième ne portera pas sur les 5 centimes déduits pour les conducteurs et postillons.

calculs, n'ont pas commis d'erreurs dans leurs évaluations portées aux articles 5, 6 et 7 que j'adopte d'après eux seulement. Que si ces messieurs ont, au contraire, fait une légère erreur dans leurs évaluations ; si, par exemple, leurs relais se font à cinq chevaux, la perte s'augmentera dans une proportion énorme. 5 fr. de moins dans les recettes, 5 fr. de plus dans les dépenses, ajoutent de suite 90,000 fr. par an aux pertes. Que sera-ce l'hiver, quand, au lieu de douze ou quinze voyageurs, on sera réduit à trois ou quatre ? Et qu'on ne dise pas qu'on sera indemnisé dans la belle saison, car le tableau ci-dessus démontre jusqu'à l'évidence que dans aucun temps l'entreprise ne peut faire de bénéfice.

Cet état de dépense, dont je les défie à mon tour de contester l'exactitude, prouve ce que j'avais avancé plus haut, que les entreprises à *relais étrangers*, organisées sur le pied des grandes messageries, ne peuvent couvrir leurs frais qu'en prenant 50 c. par lieue.

J'ai supposé que les prix actuels seraient maintenus ; mais si, par suite de la concurrence, les prix baissent sur les parcours montés par MM. Touchard et Massé, ce qui est inévitable, et que cette baisse soit seulement de 5 c. par lieue, on trouvera les résultats suivans :

Dépenses.

Sur la dépense, portée à....	245 fr.	14 c.
il y aura une légère diminution sur les droits de dixième, de	3	12
la dépense ne sera plus que de...	242 fr.	2 c.

Recette.

Six places de coupé, à 35 c. donnent....................	52 fr.	50 c.
Douze places d'intérieur, à 30 c.	90	
Douze places de rotonde, à 25 c........................	75	
Quatre places impériale, à 20 c.	20	
	237 fr.	50 c.
A déduire, pour places vides, un quart....................	59	37
	178 fr.	13 c.
Articles de messageries......	35	
Total de la recette....	213 fr.	13 c.
La dépense est de....	242	2
La perte est de......	28 fr.	89 c.
Ce qui fait par jour sur vingt-cinq voyages..............	722	25
Et par an..............	263,621 fr.	25 c.

Il faudra doubler ce chiffre, si les places étaient baissées de 10 c.

Par qui cette perte sera-t-elle supportée? Par les gérans? Non, ils n'ont rien apporté dans la société, et leurs combinaisons les ont mis, sous d'autres rapports, à l'abri des chances. C'est ce qu'on va voir.

Les trois millions d'actions sont divisés en six séries de cinq cents actions chacune.

Pourquoi? On ne le dit pas. Comme les gérans ont le droit d'émettre immédiatement les trois mille actions, cette division est insignifiante pour l'affaire (1).

Sur la deuxième série, les gérans prélèvent cinquante actions.

Sur la troisième, deux cents.

Sur la quatrième, deux cents.

Et voilà l'appareil et la surveillance payés.

---

(1) Le but de cette division est ordinairement de faciliter le placement des actions. On fait croire aux gens simples que les premières séries sont déjà épuisées; à ceux qui témoignent quelque incertitude, on propose des actions des dernières séries, en leur persuadant qu'ils ne courent aucun risque, puisque leur souscription ne produira effet que quand les premières séries seront épuisées. C'est ainsi que, dans une autre entreprise, il y avait, dit-on, des souscripteurs imputables sur le 7e ou le 8e million.

Les 150,000 fr. de l'art. 13 sont pris immédiatement.

Or, on croit peut-être que les quatre cent cinquante actions sont inaliénables ; que, destinées à rétribuer une invention nouvelle et une industrie qui ne s'est manifestée que dans les prospectus, une surveillance qui doit s'étendre à toute la durée d'une société qui n'est point encore formée ; on pense peut-être, dis-je, que ces actions ne pourront être vendues ; que MM. Touchard et Massé resteront ainsi intéressés à la prospérité de l'entreprise ; que n'attendant dès lors, comme leurs actionnaires, de bénéfices qu'autant que l'exploitation sera avantageuse, leurs actions seront pour les sociétaires une garantie de l'utilité de leur gestion.

Nullement. MM. Touchard et Massé devront seulement laisser en dépôt *cinquante* actions sur les six cents qu'ils se sont attribuées ; et telle est leur confiance à eux-mêmes dans leur entreprise, qu'ils se réservent la faculté de faire convertir ces cinquante actions en numéraire un an après la constitution de la société, ce qui ne veut pas dire quand une année d'expérience sur la route aura garanti le succès de l'entreprise, mais bien quand quatre cents actions auront été réalisées.

En telle sorte, qu'aussitôt après l'émission des

trois mille actions, MM. Touchard et Massé peuvent, si bon leur semble, jeter sur la place cinq cent cinquante actions, à cinquante pour cent, par exemple, de perte, et encaisser ainsi un capital de 225,000 francs.

Et après cette opération, qui les affranchira de toutes les chances, ils resteront avec un traitement de 12,000 francs chacun, et l'entreprise deviendra ce qu'il plaira à Dieu : ce n'est plus pour eux qu'elle périra.

Il sera facile d'ailleurs de s'arrêter à temps, de provoquer la liquidation lorsqu'il restera encore une portion du capital suffisante pour acquitter les dettes, les bailleurs de fonds seuls auront perdu leur argent : mais, comme les gérans ont le droit d'administrer comme bon leur semble; que, d'un autre côté, un conseil de censeurs aura été appelé à surveiller leurs actes, les actionnaires n'auront, à aucun titre, droit de se plaindre, et ils iront grossir la foule des victimes désappointées de tant de spéculations industrielles.

Quant aux gérans, ils auront en caisse les deux ou trois cent mille francs, produit de la réalisation hâtive de leurs actions. Cet appareil moral appliqué à leur système social, viendra consoler leur philanthropie du mauvais succès de l'entreprise.

Je suis loin sans doute de penser que tel soit le projet de MM. Touchard et Massé. J'ai voulu prouver seulement que c'est là une combinaison à laquelle se prête parfaitement leur acte, et qui n'eût point été autorisée si la société eût été anonyme; combinaison que l'extrait publié ne fait pas connaître, contre laquelle les tiers ne peuvent se prémunir, et qui n'apparaît qu'après un examen attentif, auquel on ne se livre guère, lorsque, cédant à l'entraînement ou l'importunité des sollicitations, on consent à prendre une action dans une affaire qu'on ne juge que par l'éclat dont l'environne un prospectus complaisant.

Achevons l'examen de celui de MM. Touchard et Massé.

Après avoir établi sur les calculs qu'on connaît maintenant leur bénéfice net de 721,000 fr., ils ajoutent qu'ils se trouvent ainsi en position de soutenir la concurrence sans éprouver *de pertes*. On a vu que la concurrence n'était pas même nécessaire pour que leurs dépenses excèdent leurs recettes; et je n'aurais pas relevé cette naïveté d'une concurrence possible sans perte, si elle n'était suivie d'une observation d'une autre nature. « Les concurrences, disent MM. Touchard » et Massé, ne sont à craindre que pour les en- » trepreneurs de messageries qui se trouvent

» établis sur une seule route, tandis que leur » entreprise, qui les embrassera toutes, *attirera* » nécessairement à elle les petites exploitations, » qui viendront *naturellement s'incorporer* à la » compagnie centrale, ainsi que le prouvent » les ouvertures qu'en ont déjà faites à la So- » ciété divers entrepreneurs de voitures des en- » virons de Paris. » (*Prosp.*, p. 8 et 9.)

Et, en effet, ces entrepreneurs ont dû y mettre d'autant plus d'empressement, qu'à la page 3 de ce premier prospectus MM. Touchard et Massé annoncent que leurs vues embrasseront *aussi plusieurs établissemens en activité qu'ils rallieront au leur.....*, et que ces dispositions occuperont incessamment leur *sollicitude.*

Voici donc MM. Touchard et Massé entraînant, par une puissance irrésistible, tout ce qui les entoure dans la sphère d'activité qu'ils vont créer et dont ils seront le centre, et leurs rivaux réduits à n'être plus que les satellites de ce nouvel astre.

Cet avenir est flatteur, mais il est éloigné.

Ici, comme on voit, les considérations d'intérêt général qui dominaient le préambule du prospectus subissent une déviation. Il ne s'agit plus de renouveler le système des messageries du petit parcours, et de satisfaire à un besoin impérieux de la population qui demande à grands cris que les fabricans de Chambly soient enfin mis en rapport direct avec les consommateurs de Brie-Comte-Robert. Cette partie du prospectus s'appliquait aux actionnaires éventuels.

Quant aux entreprises en activité, voici leur tour : MM. Touchard et Massé qui, jusqu'alors, avaient raisonné comme si elles n'existaient pas, s'en souviennent enfin. Si leurs propriétaires veulent se réunir à MM. Touchard et Massé, les choses resteront dans l'état où elles sont. On formera seulement une coalition dont les nouveaux venus seront les chefs, et à l'ombre de leur protectorat les entrepreneurs du petit parcours conserveront la liberté d'exercer leur industrie à des conditions, toutefois, que MM. Touchard et Massé règleront dans leur *sollicitude*.

Eh bien, je crois cette bienveillance perdue; j'ai la conviction qu'aucun des entrepreneurs de voitures des environs de Paris n'a pu ni dû faire de proposition à MM. Touchard et Massé. Ici encore ils ont pris leurs espérances pour la réalité; ils se sont laissé entraîner par leurs propres illusions. MM. Touchard et Massé savent bien qu'on ne traite qu'avec les puissances, qu'on ne s'appuie que sur ce qui résiste, et que, pour entrer en négociation avec eux, il faudrait d'abord qu'ils existassent.

(La suite au numéro prochain).

BIBLIOTHEQUE NATIONALE DE FRANCE
3 7531 03263135 1

www.ingramcontent.com/pod-product-compliance
Ingram Content Group UK Ltd.
Pitfield, Milton Keynes, MK11 3LW, UK
UKHW021145230726
13926UKWH00002B/940